Impressum
Verlag: BABADADA GmbH, Nedderfeld 112 , 22529 Hamburg
Geschäftsführer / Verlagsleitung: Harald Hof
Druck: Books on Demand GmbH, In de Tarpen 42, 22848 Norderstedt

Imprint
Publisher: BABADADA GmbH, Nedderfeld 112 , 22529 Hamburg, Germany
Managing Director / Publishing direction: Harald Hof
Print: Books on Demand GmbH, In de Tarpen 42, 22848 Norderstedt

classroom
la salle de classe

divide
diviser

186/2

board
le tableau noir

school yard
la cour de récréation

teacher
l'enseignant

paper
le papier

write
écrire

pen
le stylo

desk
le bureau

ruler
la règle

book
le livre

pupil
l'élève

satchel

le sac d'école

pencil case

la trousse

pencil

le crayon

pencil sharpener

le taille-crayon

rubber

la gomme

drawing pad

le carnet à dessin

drawing

le dessin

paintbrush

le pinceau

paint box

la boîte de peinture

scissors

les ciseaux

glue

la colle

exercise book

le cahier d'exercices

homework

les tâches

number

le chiffre

add

additionner

subtract

soustraire

multiply

multiplier

calculate

calculer

letter

la lettre

alphabet

l'alphabet

word

le mot

text

le texte

read

lire

chalk

la craie

lesson

la leçon

register

le livre de classe

examination

l'examen

certificate

le certificat

school uniform

l'uniforme scolaire

education

la formation

encyclopedia

le lexique

university

l'université

microscope

le microscope

map

la carte

waste-paper basket

la corbeille à papier

hotel
l'hôtel

hostel
l'auberge

currency exchange office
le bureau de change

suitcase
la valise

car
la voiture

language

la langue

yes / no

oui / non

Okay

d'accord

hello

Salut

translator

l'interprète

Thank you

merci

how much is…?

Combien coûte…?

I don´t get it

Je ne comprends pas

problem

le problème

Good evening!

Bonsoir!

Good morning!

Bonjour!

Good night!

Bonne nuit!

goodbye

Au revoir

direction

la direction

luggage

les bagages

bag

le sac

backpack

le sac-à-dos

guest

l'hôte

room

la pièce

sleeping bag

le sac de couchage

tent

la tente

travel - le voyage

tourist information

l'office de tourisme

beach

la plage

credit card

la carte de crédit

breakfast

le petit-déjeuner

lunch

le déjeuner

dinner

le dîner

Ticket

le billet

elevator

l'ascenseur

stamp

le timbre

border

la frontière

customs

la douane

embassy

l'ambassade

visa

le visa

passport

le passeport

airplane
l'avion

ship
le navire

fire truck
le véhicule de pompiers

bus
le bus

truck
le camion

motorboat
le bateau à moteur

car
la voiture

bike
la bicyclette

ferry

le ferry

boat

la barque

motorbike

la moto

police car

la voiture de police

racing car

la voiture de course

rental car

la voiture de location

car sharing

l'autopartage

tow truck

la dépanneuse

garbage truck

la benne à ordures

engine

le moteur

fuel

l'essence

fuel station

la station d'essence

traffic sign

le panneau indicateur

traffic

le trafic

traffic jam

l'embouteillage

parking lot

le parking

train station

la gare

tracks

les rails

train

le train

tram

le tram

wagon

le wagon

helicopter

l'hélicoptère

airport

l'aéroport

tower

la tour

passenger

le passager

container

le container

carton

le carton

cart

le chariot

basket

la corbeille

take off / land

décoller / atterrir

city

la ville

village

le village

city center

le centre-ville

house

la maison

movie theater
le cinéma

advert
la publicité

street light
le réverbère

CINEMA

street
la rue

taxi
le taxi

snack shop
le kiosque

pedestrian
le piéton

sidewalk
le trottoir

zebra crossing
le passage piéton

dumpster
la poubelle

crossing
le carrefour

traffic lights
les feux de circulation

hut
la cabane

apartment
l'appartement

train station
la gare

city hall
la mairie

museum
le musée

school
l'école

university

l'université

bank

la banque

hospital

l'hôpital

hotel

l'hôtel

pharmacy

la pharmacie

office

le bureau

book shop

la librairie

shop

le magasin

flower shop

le fleuriste

supermarket

le supermarché

market

le marché

department store

le grand magasin

fishmonger's shop

la poissonnerie

mall

le centre commercial

harbor

le port

city - la ville

park

le parc

bench

la banque

bridge

le pont

stairs

les escaliers

subway

le métro

tunnel

le tunnel

bus stop

l'arrêt de bus

bar

le bar

restaurant

le restaurant

postbox

la boîte à lettres

street sign

le panneau indicateur

parking meter

le parcomètre

zoo

le zoo

swimming pool

le réverbère

mosque

la mosquée

city - la ville

farm

la ferme

pollution

la pollution

cemetery

le cimetière

church

l'église

playground

l'aire de jeux

temple

le temple

landscape
le paysage

leaf
la feuille

signpost
le panneau indicateur

path
le chemin

meadow
le pré

stone
la pierre

hiker
le randonneur

tree
l'arbre

river
la rivière

grass
l'herbe

flower
la fleur

valley

la vallée

hill

la montagne

lake

le lac

forest

la forêt

desert

le désert

volcano

le volcan

castle

le château

rainbow

l'arc-en-ciel

mushroom

le champignon

palm tree

le palmier

mosquito

le moustique

fly

la mouche

ant

les fourmis

bee

l'abeille

spider

l'araignée

landscape - le paysage

beetle

le scarabée

frog

la grenouille

squirrel

l'écureuil

hedgehog

le hérisson

hare

le lapin

owl

la chouette

bird

l'oiseau

swan

le cygne

boar

le sanglier

deer

le cerf

moose

l'élan

dam

le barrage

wind turbine

l'éolienne

solar panel

le panneau solaire

climate

le climat

waiter
le serveur

menu
le menu

chair
la chaise

soup
la soupe

pizza
la pizza

cutlery
les services

tablecloth
la nappe

starter
les hors d'œuvre

main course
le plat principal

dessert
le dessert

drinks
les boissons

food
l'alimentation

bottle
la bouteille

fast food

le fast-food

street food

les plats à emporter

teapot

la théière

sugar bowl

le sucrier

portion

la portion

espresso machine

la machine à expresso

high chair

la chaise haute

bill

la facture

tray

le plateau

knife

le couteau

fork

la fourchette

spoon

la cuillère

teaspoon

la cuillère à thé

serviette

la serviette

glass

le verre

plate

l'assiette

soup plate

l'assiette à soupe

saucer

la soucoupe

sauce

la sauce

salt shaker

la salière

pepper mill

le moulin à poivre

vinegar

le vinaigre

oil

l'huile

spices

les épices

ketchup

le ketchup

mustard

la moutarde

mayonnaise

la mayonnaise

special offer
l'offre promotionnelle

customer
le client

dairy products
les produits laitiers

fruit
les fruits

shopping cart
le caddie

FOR

butcher's shop

la boucherie

bakery

la boulangerie

weigh

peser

vegetables

les légumes

meat

la viande

frozen food

les aliments surgelés

cold cuts

la charcuterie

canned food

les conserves

detergent

la poudre à lessive

candy

les bonbons

household products

les articles ménagers

cleaning products

les détergents

sales representative

la vendeuse

cash register

la caisse

cashier

le caissier

shopping list

la liste d'achats

opening hours

les heures d'ouverture

wallet

le portefeuille

credit card

la carte de crédit

bag

le sac

plastic bag

le sac en plastique

les boissons

water
....
l'eau

juice
....
le jus de fruit

milk
....
le lait

coke
....
le coca

wine
....
le vin

beer
....
la bière

alcohol
....
l'alcool

cocoa
....
le chocolat chaud

tea
....
le thé

coffee
....
le café

espresso
....
l'expresso

cappuccino
....
le cappuccino

banana

la banane

apple

la pomme

orange

l'orange

melon

le melon

lemon

le citron

carrot

la carotte

garlic

l'ail

bamboo

le bambou

onion

l'oignon

mushroom

le champignon

nuts

les noisettes

noodles

les pâtes

spaghetti

les spaghettis

rice

le riz

salad

la salade

fries

les frites

fried potatoes

les pommes de terre rôties

pizza

la pizza

hamburger

le hamburger

sandwich

le sandwich

escalope

l'escalope

ham

le jambon

salami

le salami

sausage

la saucisse

chicken

le poulet

roast

le rôti

fish

le poisson

porridge oats

les flocons d'avoine

muesli

le muesli

cornflakes

les cornflakes

flour

la farine

croissant

le croissant

bread roll

les petits-pains

bread

le pain

toast

le pain grillé

cookies

les biscuits

butter

le beurre

curd

le fromage blanc

cake

le gâteau

egg

l'œuf

fried egg

l'œuf au plat

cheese

le fromage

food - l'alimentation

ice cream

la glace

sugar

le sucre

honey

le miel

jelly

la confiture

nougat cream

la crème nougat

curry

le curry

farm house
la ferme

barn
la grange

straw bale
la botte de paille

field
le champ

horse
le cheval

trailer
la remorque

tractor
le tracteur

foal
le poulain

donkey
l'âne

lamb
l'agneau

sheep
le mouton

goat

la chèvre

cow

la vache

calf

le veau

pig

le porc

piglet

le porcelet

bull

le taureau

goose

l'oie

duck

le canard

chick

le poussin

hen

la poule

cockerel

le coq

rat

le rat

cat

le chat

mouse

la souris

ox

le bœuf

dog

le chien

dog house

le chenil

garden hose

le tuyau de jardin

watering can

l'arrosoir

scythe

la faucheuse

plow

la charrue

sickle

la faucille

hoe

la pioche

pitchfork

la fourche

axe

la hache

pushcart

la brouette

trough

la cuve

milk can

le pot à lait

sack

le sac

fence

la clôture

stable

l'étable

greenhouse

la serre

soil

le sol

seed

les semences

fertilizer

l'engrais

combine harvester

la moissonneuse-batteuse

harvest

récolter

harvest

la récolte

yams

l'igname

wheat

le blé

soya

le soja

potato

la pomme de terre

corn

le maïs

rapeseed

le colza

fruit tree

l'arbre fruitier

manioc

le manioc

grain

les céréales

chimney
la cheminée

roof
le toit

downspout
la gouttière

window
la fenêtre

garage
le garage

doorbell
la sonnette

door
la porte

trash can
la poubelle

mailbox
la boîte aux lettres

garden
le jardin

living room

le salon

bathroom

la chambre de bain

kitchen

la cuisine

bedroom

la chambre à coucher

kids room

la chambre d'enfant

dining room

la salle à manger

floor

le sol

wall

le mur

ceiling

le plafond

cellar

la cave

sauna

le sauna

balcony

le balcon

terrace

la terrasse

pool

la piscine

lawn mower

la tondeuse à gazon

sheet

la fourre de duvet

bedspread

la couette

bed

le lit

broom

le balai

bucket

le sceau

switch

l'interrupteur

wallpaper
le papier peint

picture
l'image

lamp
la lampe

shelf
l'étagère

cabinet
l'armoire

fireplace
la cheminée

television
la télé

flower
la fleur

cushion
le coussin

sofa
le canapé

vase
le vase

remote control
la télécommande

carpet
le tapis

drape
le rideau

table
la table

chair
la chaise

rocking chair
la chaise à bascule

armchair
le fauteuil

book

le livre

blanket

la couverture

decoration

la décoration

firewood

le bois de chauffage

film

le film

stereo system

la chaîne hi-fi

key

la clé

newspaper

le journal

painting

la peinture

poster

le poster

radio

la radio

notebook

le bloc-notes

vacuum cleaner

l'aspirateur

cactus

le cactus

candle

la bougie

living room - le salon

fridge
le frigo

microwave oven
le four à micro-ondes

kitchen scales
la balance de cuisine

toaster
le toasteur

laundry detergent
le détergent

freezer
le compartiment congélateur

stove
le four

trash can
la poubelle

dishwasher
le lave-vaisselle

cooker

le four

pot

la casserole

cast-iron pot

la marmite

wok / kadai

le wok/kadai

pan

la poêle

kettle

la bouilloire électrique

steamer

le cuiseur vapeur

baking tray

la plaque de cuisson

crockery

la vaisselle

mug

le gobelet

bowl

le bol

chopsticks

les baguettes

ladle

la louche

spatula

la spatule

whisk

le fouet

strainer

la passoire

sieve

le tamis

grater

la râpe

mortar

le mortier

barbecue

le barbecue

fireplace

la cheminée

chopping board

la planche à découper

rolling pin

le rouleau à pâtisserie

corkscrew

le tire-bouchon

can

la boîte

can opener

l'ouvre-boîte

oven cloth

les maniques

sink

le lavabo

brush

la brosse

sponge

l'éponge

blender

le mixeur

deep freezer

le congélateur

baby bottle

le biberon

tap

le robinet

kitchen - la cuisine

bathroom

la chambre de bain

heating
le chauffage

shower
la douche

towel
la serviette

shower curtain
le rideau de douche

bubble bath
le bain moussant

bathtub
la baignoire

glass
le verre

washing machine
la machine à laver

tap
le robinet

tiles
le carrelage

potty
le pot

sink
le lavabo

toilet
les toilettes

squat toilet
la toilette à la turque

bidet
le bidet

urinal
l'urinoir

toilet paper
le papier toilette

toilet brush
la brosse à toilette

toothbrush
....
la brosse à dents

toothpaste
....
le dentifrice

dental floss
....
le fil dentaire

wash
....
laver

hand shower
....
la douche manuelle

douche
....
la douche intime

basin
....
la vasque

back brush
....
la brosse dorsale

soap
....
le savon

shower gel
....
le gel douche

shampoo
....
le shampooing

flannel
....
le gant de toilette

drain
....
l'écoulement

creme
....
la crème

deodorant
....
le déodorant

mirror

le miroir

hand mirror

le miroir cosmétique

razor

le rasoir

shaving foam

la mousse à raser

aftershave

l'après-rasage

comb

la peigne

brush

la brosse

hair-dryer

le sèche-cheveux

hairspray

la laque pour cheveux

makeup

le fond de teint

lipstick

le rouge à lèvres

nail varnish

le vernis à ongles

cotton wool

l'ouate

nail scissors

le coupe-ongles

perfume

le parfum

bathroom - la chambre de bain

washbag

la trousse de toilette

stool

le tabouret

weighing scales

la balance

bathrobe

le peignoir

rubber gloves

les gants de nettoyage

tampon

le tampon

sanitary towel

les serviettes hygiéniques

chemical toilet

la toilette chimique

alarm clock
le réveil

cuddly toy
le doudou

toy car
la voiture jouet

rattle
le hochet

doll's house
la maison de poupée

present
le cadeau

balloon
le ballon

bed
le lit

stroller
la poussette

deck of cards
le jeu de cartes

jigsaw
le puzzle

comic
la bande dessinée

lego bricks

les pièces lego

toy blocks

les blocs de construction

action figure

la figurine

romper suit

la grenouillère

frisbee

le frisbee

mobile

le mobile

board game

le jeu de société

dice

le dé

model train set

le train miniature

pacifier

la sucette

party

la fête

picture book

le livre d'images

ball

la balle

doll

la poupée

play

jouer

sandpit

le bac à sable

swing

la balançoire

toys

les jouets

video game console

la console de jeu

tricycle

le tricycle

teddy bear

l'ours en peluche

wardrobe

l'armoire

clothing

les vêtements

socks

les chaussettes

stockings

les bas

tights

le collant

scarf
l'écharpe

umbrella
le parapluie

belt
la ceinture

t-shirt
le t-shirt

sneakers
les baskets

boots
les bottes

slippers
les pantoufles

sandals
....
les sandales

shoes
....
les chaussures

rubber boots
....
les bottes de caoutchouc

underwear
....
le linge de corps

bra
....
le soutien-gorge

undershirt
....
le maillot de corps

body

le body

pants

le pantalon

jeans

le jean

skirt

la jupe

blouse

le chemisier

shirt

la chemise

pullover

le pull

sweater

le pull-over à capuche

blazer

la veste

jacket

la veste

coat

le manteau

raincoat

l'imperméable

costume

le costume

dress

la robe

wedding dress

la robe de mariée

suit

le costume

nightgown

la chemise de nuit

pajamas

le pyjama

sari

le sari

headscarf

le foulard

turban

le turban

burka

la burqa

kaftan

le caftan

abaya

l'abaya

swimsuit

le maillot de bain

trunks

le costume de bain

shorts

les cuissettes

tracksuit

la tenue d'entraînement

apron

le tablier

gloves

les gants

button
....
le bouton

glasses
....
les lunettes

bracelet
....
le bracelet

necklace
....
le collier

ring
....
la bague

earring
....
la boucle d'oreille

cap
....
le bonnet

coat hanger
....
le cintre

hat
....
le chapeau

tie
....
la cravate

zip
....
la fermeture éclair

helmet
....
le casque

braces
....
les bretelles

school uniform
....
l'uniforme scolaire

uniform
....
l'uniforme

bib

le bavoir

pacifier

la sucette

diaper

la couche

office

le bureau

server
le serveur

filing cabinet
l'armoire d'archivage

printer
l'imprimante

monitor
l'écran

paper
le papier

mouse
la souris

desk
le bureau

folder
le classeur

keyboard
le clavier

waste-paper basket
la corbeille à papier

chair
la chaise

computer
l'ordinateur

coffee mug

la tasse à café

calculator

la calculatrice

internet

l'internet

laptop

l'ordinateur portable

letter

la lettre

message

le message

cell phone

le portable

network

le réseau

photocopier

la photocopieuse

software

le logiciel

telephone

le téléphone

plug socket

la prise

fax machine

le fax

form

le formulaire

document

le document

buy

acheter

pay

payer

trade

marchander

money

la monnaie

dollar

le dollar

euro

l'euro

yen

le yen

rouble

le rouble

Swiss franc

le franc suisse

renminbi yuan

le renminbi yuan

rupee

la roupie

cash point

le distributeur automatique

currency exchange office

le bureau de change

gold

l'or

silver

l'argent

oil

le pétrole

energy

l'énergie

price

le prix

contract

le contrat

tax

la taxe

stock

l'action

work

travailler

employee

l'employé

employer

l'employeur

factory

l'usine

shop

le magasin

police officer
l'agent de police

fireman
le pompier

cook
le cuisinier

doctor
le médecin

pilot
le pilote

gardener

le jardinier

carpenter

le menuisier

seamstress

la couturière

judge

le juge

chemist

le chimiste

actor

l'acteur

bus driver

le conducteur de bus

taxi driver

le chauffeur de taxi

fisherman

le pêcheur

cleaning lady

la femme de ménage

roofer

le couvreur

waiter

le serveur

hunter

le chasseur

painter

le peintre

baker

le boulanger

electrician

l'électricien

builder

l'ouvrier

engineer

l'ingénieur

butcher

le boucher

plumber

le plombier

postman

le facteur

occupations - les professions

soldier

le soldat

architect

l'architecte

cashier

le caissier

florist

le fleuriste

hairdresser

le coiffeur

conductor

le contrôleur

mechanic

le mécanicien

captain

le capitaine

dentist

le dentiste

scientist

le scientifique

rabbi

le rabbin

imam

l'imam

monk

le moine

pastor

le prêtre

hammer
le marteau

pliers
les pinces

screwdriver
le tournevis

wrench
la clé

torch
la torche

excavator
la pelleteuse

toolbox
la boîte à outils

ladder
l'échelle

saw
la scie

nails
les clous

drill
la perceuse

repair
....
réparer

shovel
....
la pelle

Damn!
....
Mince!

dustpan
....
la pelle

paint can
....
le pot de peinture

screws
....
les vis

musical instruments
les instruments de musique

drum set
la batterie

loud speaker
le haut-parleur

guitar
la guitare

double bass
la contrebasse

trumpet
la trompette

piano

le piano

violin

le violon

bass

la basse

timpani

les timbales

drums

le tambour

keyboard

le piano électrique

saxophone

le saxophone

flute

la flûte

microphone

le microphone

tiger
le tigre

entrance
l'entrée

cage
la cage

zebra
le zèbre

animal feed
l'alimentation animale

panda
le panda

animals

les animaux

elephant

l'éléphant

kangaroo

le kangourou

rhino

le rhinocéros

gorilla

le gorille

bear

l'ours

camel

le chameau

ostrich

l'autruche

lion

le lion

monkey

le singe

flamingo

le flamand rose

parrot

le perroquet

polar bear

l'ours polaire

penguin

le pingouin

shark

le requin

peacock

le paon

snake

le serpent

crocodile

le crocodile

zookeeper

le gardien de zoo

seal

le phoque

jaguar

le jaguar

pony

le poney

leopard

le léopard

hippo

l'hippopotame

giraffe

la girafe

eagle

l'aigle

boar

le sanglier

fish

le poisson

turtle

la tortue

walrus

le morse

fox

le renard

gazelle

la gazelle

sports

les sports

American football
l'american Football

cycling
le cyclisme

tennis
le tennis

basketball
le basket-ball

swimming
la natation

boxing
la boxe

ice hockey
le hockey sur glace

soccer
le football

badminton
le badminton

athletics
l'athlétisme

handball
le handball

skiing
le ski

polo
le polo

jump
sauter

laugh
rire

hug
embrasser

walk
marcher

sing
chanter

dream
rêver

pray
prier

kiss
faire la bise

write
écrire

draw
dessiner

show
montrer

push
pousser

give
donner

take
prendre

have
....
avoir

do
....
faire

be
....
être

stand
....
être debout

run
....
courir

pull
....
trier

throw
....
jeter

fall
....
tomber

lie
....
être couché

wait
....
attendre

carry
....
porter

sit
....
être assis

get dressed
....
s'habiller

sleep
....
dormir

wake up
....
se réveiller

look at

regarder

cry

pleurer

stroke

caresser

comb

peigner

talk

parler

understand

comprendre

ask

demander

listen

écouter

drink

boire

eat

manger

tidy up

ranger

love

aimer

cook

cuire

drive

conduire

fly

voler

activities - les activités 65

sail

faire de la voile

calculate

calculer

read

lire

learn

apprendre

work

travailler

marry

se marier

sew

coudre

brush teeth

se brosser les dents

kill

tuer

smoke

fumer

send

envoyer

grandmother
la grand-mère

grandfather
le grand-père

father
le père

mother
la mère

baby
le bébé

daughter
la fille

son
le fils

guest

l'hôte

aunt

la tante

uncle

l'oncle

brother

le frère

sister

la sœur

body

le corps

forehead
le front

eye
l'œil

shoulder
l'épaule

finger
le doigt

face
le visage

chin
le menton

hand
la main

breast
la poitrine

leg
la jambe

arm
le bras

baby

le bébé

man

l'homme

woman

la femme

girl

la fille

boy

le garçon

head

la tête

body - le corps

back

le dos

belly

le ventre

navel

le nombril

toe

l'orteil

heel

le talon

bone

l'os

hip

la hanche

knee

le genou

elbow

le coude

nose

le nez

buttocks

les fesses

skin

la peau

cheek

la joue

ear

l'oreille

lip

la lèvre

body - le corps

mouth

la bouche

tooth

la dent

tongue

la langue

brain

le cerveau

heart

le cœur

muscle

le muscle

lung

les poumons

liver

le foie

stomach

l'estomac

kidneys

les reins

sex

le rapport sexuel

condom

le préservatif

ovum

l'ovule

semen

le sperme

pregnancy

la grossesse

menstruation

la menstruation

vagina

le vagin

penis

le pénis

eyebrow

le sourcil

hair

les cheveux

neck

le cou

hospital
l'hôpital

ambulance
l'ambulance

wheelchair
le fauteuil roulant

fracture
la fracture

doctor

le médecin

emergency room

le service des urgences

nurse

l'infirmière

emergency

l'urgence

unconscious

inconscient

pain

la douleur

injury

la blessure

bleeding

l'hémorragie

heart attack

la crise cardiaque

stroke

l'attaque cérébrale

allergy

l'allergie

cough

la toux

fever

la fièvre

flu

la grippe

diarrhea

la diarrhée

headache

le mal de tête

cancer

le cancer

diabetes

le diabète

surgeon

le chirurgien

scalpel

le scalpel

operation

l'opération

CT
le CT

x-ray
la radiographie

ultrasound
l'échographie

face mask
le masque

disease
la maladie

waiting room
la salle d'attente

crutch
la béquille

plaster
le pansement

bandage
le pansement

injection
l'injection

stethoscope
le stéthoscope

stretcher
le brancard

clinical thermometer
le thermomètre

birth
l'accouchement

overweight
le surpoids

hearing aid

l'appareil auditif

disinfectant

le désinfectant

infection

l'infection

virus

le virus

HIV / AIDS

le VIH / le sida

medicine

le médicament

vaccination

la vaccination

tablets

les tablettes

pill

la pilule

emergency call

l'appel d'urgence

blood pressure monitor

le tensiomètre

ill / healthy

malade / sain

Help!
Au secours!

alarm
l'alarme

assault
l'agression

attack
l'attaque

danger
le danger

emergency exit
la sortie de secours

Fire!
Au feu!

fire extinguisher
l'extincteur

accident
l'accident

first-aid kit
la trousse de premier
secours

SOS
SOS

police
la police

Europe

l'Europe

North America

l'Amérique du Nord

South America

l'Amérique du Sud

Africa

l'Afrique

Asia

l'Asie

Australia

l'Australie

Atlantic

l'Océan atlantique

Pacific

l'Océan pacifique

Indian Ocean

l'Océan indien

Antarctic Ocean

l'Océan antarctique

Arctic Ocean

l'Océan arctique

North pole

le Pôle nord

South pole

le Pôle sud

Antarctica

l'Antarctique

earth

la terre

land

le pays

sea

la mer

island

l'île

nation

la nation

state

l'état

clock face

le cadran

hour hand

l'aiguille des heures

minute hand

l'aiguille des minutes

second hand

l'aiguille des secondes

What time is it?

Quelle heure est-il?

day

le jour

time

le temps

now

maintenant

digital watch

la montre digitale

minute

la minute

hour

l'heure

la semaine

Monday
lundi

Wednesday
mercredi

Friday
vendredi

Tuesday
mardi

Saturday
samedi

Thursday
jeudi

Sunday
dimanche

yesterday

hier

today

aujourd'hui

tomorrow

demain

morning

le matin

noon

le midi

evening

le soir

workdays

les jours ouvrables

weekend

le week-end

rain
la pluie

rainbow
l'arc-en-ciel

wind
le vent

snow
la neige

spring
le printemps

fall
l'automne

summer
l'été

winter
l'hiver

4.APRIL	11°	☀
5.APRIL	4°	☁
6.APRIL	13°	☂
7.APRIL	8°	❄
8.APRIL	10°	☀

weather forecast

la météo

thermometer

le thermomètre

sunshine

la lumière du soleil

cloud

le nuage

fog

le brouillard

humidity

l'humidité

lightning

la foudre

thunder

le tonnerre

storm

la tempête

hail

la grêle

monsoon

la mousson

flood

l'inondation

ice

la glace

January

janvier

February

février

March

mars

April

avril

May

mai

June

juin

July

juillet

August

août

year - l'année

September
....
septembre

October
....
octobre

November
....
novembre

December
....
décembre

shapes
les formes

circle
....
le cercle

square
....
le carré

rectangle
....
le rectangle

triangle
....
le triangle

sphere
....
la sphère

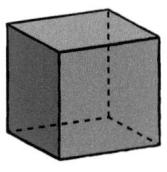

cube
....
le cube

colors

les couleurs

white
....
blanc

yellow
....
jaune

orange
....
orange

pink
....
rose

red
....
rouge

purple
....
violet

blue
....
bleu

green
....
vert

brown
....
marron

gray
....
gris

black
....
noir

a lot / a little

beaucoup / peu

angry / calm

fâché / calme

beautiful / ugly

joli / laid

beginning / end

le début / la fin

big / small

grand / petit

bright / dark

clair / obscure

brother / sister

le frère / la sœur

clean / dirty

propre / sale

complete / incomplete

complet / incomplet

day / night

le jour / la nuit

dead / alive

mort / vivant

wide / narrow

large / étroit

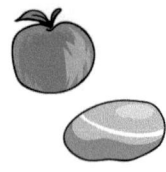

edible / inedible

comestible / incomestible

evil / kind

méchant / gentil

excited / bored

excité / ennuyé

fat / thin

gros / mince

first / last

le premier / le dernier

friend / enemy

l'ami / l'ennemi

full / empty

plein / vide

hard / soft

dur / souple

heavy / light

lourd / léger

hunger / thirst

faim / soif

ill / healthy

malade / sain

illegal / legal

illégal / légal

intelligent / stupid

intelligent / stupide

left / right

gauche / droite

near / far

proche / loin

new / used

nouveau / usé

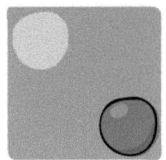

nothing / something

rien / quelque chose

old / young

vieux / jeune

on / off

marche / arrêt

open / closed

ouvert / fermé

quiet / loud

faible / fort

rich / poor

riche / pauvre

right / wrong

correct / incorrect

rough / smooth

rugueux / lisse

sad / happy

triste / heureux

short / long

court / long

slow / fast

lent / rapide

wet / dry

mouillé / sec

warm / cool

chaud / froid

war / peace

la guerre / la paix

0

zero

zéro

1

one

un

2

two

deux

3

three

trois

4

four

quatre

5

five

cinq

6

six

six

7

seven

sept

8

eight

huit

9

nine

neuf

10

ten

dix

11

eleven

onze

12
twelve
douze

13
thirteen
treize

14
fourteen
quatorze

15
fifteen
quinze

16
sixteen
seize

17
seventeen
dix-sept

18
eighteen
dix-huit

19
nineteen
dix-neuf

20
twenty
vingt

100
hundred
cent

1.000
thousand
mille

1.000.000
million
le million

numbers - les nombres

languages
les langues

English

l'anglais

American English

l'anglais américain

Chinese Mandarin

le chinois mandarin

Hindi

le hindi

Spanish

l'espagnol

French

le français

Arabic

l'arabe

Russian

le russe

Portuguese

le portugais

Bengali

le bengali

German

l'allemand

Japanese

le japonais

I
je

you
tu

he / she / it
il / elle

we
nous

you
vous

they
ils / elles

who?
qui?

what?
quoi?

how?
comment?

where?
où?

when?
quand?

name
le nom

behind

derrière

in

dans

in front of

devant

over

au-dessus

on

sur

under

en-dessous

beside

à côté de

between

entre

place

le lieu